*Rosário
pelos falecidos*

Direção editorial: *Zolferino Tonon*
Revisão: *Iranildo Bezerra Lopes*
Thiago Augusto Almeida Passos
Capa e diagramação: *Marcelo Campanhã*
Impressão e acabamento: PAULUS

Salmos
Bíblia Sagrada, Edição Pastoral, Paulus, 1990.

Seja um leitor preferencial **PAULUS**.
Cadastre-se e receba informações sobre nossos lançamentos
e nossas promoções: **paulus.com.br/cadastro**
Televendas: **(11) 3789-4000 / 0800 16 40 11**

1ª edição, 2010
3ª reimpressão, 2019

© PAULUS – 2010

Rua Francisco Cruz, 229 • 04117-091 – São Paulo (Brasil)
Tel.: (11) 5087-3700
paulus.com.br • editorial@paulus.com.br

ISBN 978-85-349-3228-8

Pe. Antônio Lúcio, ssp
(Org.)

Rosário pelos falecidos

*"Os que confiam no Senhor
compreenderão a verdade,
e os que perseveram no amor
ficarão junto dele" (Sb 3,9).*

1. Morrer

De repente nos chega a notícia: o nosso ente querido faleceu! Nesses momentos, as palavras se empobrecem porque não conseguem transmitir tudo de que está cheio o nosso coração. E a sensação que temos é a de que tomamos um soco na boca do estômago, o chão parece que se abre debaixo dos nossos pés e nos traga. Ficamos zonzos. Não se trata de um sonho ou de um pesadelo. É a triste, mas verdadeira realidade. Esta é a experiência por que todos passamos quando da perda de quem amamos.

Tendo em mãos o *Rosário pelos falecidos*, recordaremos os fiéis defuntos e rezaremos por todos os nossos falecidos: familiares, parentes, amigos e conhecidos que já se encontram no céu. Queremos lembrá-los com saudade reafirmando que não deixamos de amá-los pelo fato de terem partido para junto de Deus, pois, como lemos no Livro da Sabedoria, "os que confiam no Senhor compreenderão a verdade, e os que perseveram no amor ficarão junto dele, porque a graça e a misericórdia são para seus eleitos" (Sb 3,9).

Apesar de tudo somos obrigados a reconhecer que o que acontece na realidade e não aceitamos é que há um "dia" e uma "hora" últimos para cada um de nós, que nós desconhecemos: a morte! Esse momento chegará de modo inesperado, como um ladrão: "(...) o Filho do homem virá na hora em que menos o pensardes" (Mt 24,43-44). Quantas vezes somos surpreendidos pela visita inesperada de Deus! E a eterna pergunta se fez e se faz presente: por que se morre? "Queremos ouvir uma palavra confortadora, capaz de justificar a realidade da morte. Quem nos dirá essa palavra? Não sabemos quem somos; pouco sabemos sobre o que seremos. E é por isso que não sabemos por que se morre" (Pe. Virgílio). Entretanto, se somos pessoas amadurecidas na fé e seguidoras de Jesus, que venceu a morte e ressuscitou, então "Cristo ressuscitado será nossa resposta. A fé nele tem isso de extraordinário: nos permite olhar para além da muralha de trevas, erguida pela morte. E é para além daquela muralha que a Verdade mora" (Pe. Virgílio). Qual Verdade? A Verdade de "que a morte é nome errado, transformação é o nome certo. Pois nossa vida, uma vez ativada, não terá mais fim: só será transformada. Este, que hoje carregamos, não é nosso corpo definitivo: é o que a natureza nos emprestou, e é por isso que não pode durar. O definitivo será modelado pelo próprio Deus; e é por isso que irá durar para sempre" (Pe. Virgílio).

"A morte não significa um fim, mas uma singular transformação que a razão não pode compreender". Por isso que a certeza da ressurreição apenas habita no coração daquele que tem fé. Ter fé é jogar-se nas mãos de Deus e se permitir ser conduzido por ele. É como disse Jesus: "Quem vem a mim, eu não o rejeitarei e o ressuscitarei no último dia" (Jo 6,35-40).

Que bom seria se sempre pudéssemos afirmar, quando da perda de um ente querido, que Deus está e sempre estará muito perto de nós. Em momentos como estes, não duvidem, a dor não é maior e acabamos por suportá-la, porque Deus em pessoa nos carrega no colo e nos concede sua paz. Ele acaricia nosso coração, enxuga nossas lágrimas, consola nosso pranto, segura nossas mãos, abraça-nos como Pai amoroso, derrama abundantemente sobre nós o bálsamo do seu amor que conforta, que consola, que cura, que perdoa, que nos fortalece na fé...

Apesar de tudo, inclusive da nossa fé na ressurreição dos mortos, paira no ar certa tristeza: isso é normal, verdadeiro e humanamente compreensível. E a tristeza que ainda sentimos é exatamente "estar diante de um espaço onde um dia houve o encontro. Saber que, cedo ou tarde, tudo o que está presente ficará ausente" (Rubem Alves). A fé no Senhor Ressuscitado e o tempo continuarão sendo nossos fortes aliados e companheiros de viagem em nossa peregrinação terrena. Eles nos trarão, aos poucos, a normalidade dos nossos dias e nossos olhos voltarão a brilhar, nossos lábios voltarão a sorrir, nosso coração voltará a amar, nossos pés voltarão a caminhar, nossas mãos voltarão a se abrir e se estender para acolher o outro, nossas esperanças renascerão.

As visitas inesperadas de Deus sempre acontecem para o nosso bem, mesmo quando a nossa inteligência não nos permite compreendê-las, mesmo quando nosso coração teima em não aceitá-las. E, quando Deus chama aqueles que ama para viverem eternamente ao seu lado, não há escapatória. Não há tempo para mais nada. "Estamos neste mundo de passagem. E o que valerá diante de Deus não serão os anos que tivermos vivido, mas as boas obras que tivermos praticado. Vivamos, então, de tal maneira que, quando chegar a nossa vez, possamos ser recebidos na morada celeste como benditos do Pai".

É sumamente consolador pensar que a união com os nossos entes queridos já falecidos não se interrompe. Claro que é uma união diferente, entretanto real. Unimo-nos a eles através da oração, da Celebração Eucarística, da lembrança, da saudade e da intercessão. O gesto que milhares e milhares de pessoas fazem de ir levar flores, acender velas, fazer uma visita, fazer uma oração, chorar nos túmulos de seus entes queridos, tudo isso é expressão de certa união diferente, mas real. Estes gestos confirmam o que lemos no Livro da Sabedoria: "A vida dos justos está nas mãos de Deus, e nenhum tormento os atingirá. Eles estão em paz" (Sb 3,1-3).

É verdade que a perda de um ente querido é sumamente dolorosa. Especialmente quando esta perda é imprevista, violenta ou trágica. "A morte é sempre e deve ser, para todos, mestra da verdade e inspiradora de propósitos generosos e santos; mas de modo particular a morte repentina das pessoas queridas recorda-nos com incontestável eloquência dos nossos próprios limites, da nossa fragilidade e, sobretudo, recorda-nos de que a vida é um caminho rumo à eternidade: jovem ou adulto, ancião ou criança, desconhecido ou famoso, humilde peregrino na multidão anônima ou no ápice das responsabilidades civis e religiosas, cada um caminha rumo à Pátria eterna, único motivo pelo qual fomos criados pela vontade amorosa de Deus, que é Pai e Amor" (João Paulo II).

Não podemos nem devemos esquecer nossos fiéis defuntos como se nunca tivessem existido. Que neste momento nos sirva de alerta, para nós, os vivos, as palavras do Pe. Tiago Alberione, fundador da Família Paulina: "A caridade para com os defuntos atrai a misericórdia de Deus e a remissão de nossas dívidas para com Deus". Certamente repetiremos, no momento do nosso encontro cara a cara com o Deus das Misericórdias, as palavras do Pe. Tiago Alberione: "Nem sempre fui um operário que não tenha de se envergonhar". Mas, como sabemos, o Amor cobre todas as nossas limitações, misérias e fraquezas humanas. Sabemos que podemos contar com o perdão e a misericórdia do nosso Deus.

2. Morremos para ressuscitar

Sempre imaginamos a possibilidade da morte do outro, como se ela nunca chegasse para nós. E, de repente, perdemos um ente querido e ficamos privados de sua presença física no meio de nós. "Nessa hora, precisamos de gente que nos saiba ouvir, com quem possamos ser nós mesmos. Precisamos de pessoas suficientemente íntimas a ponto de não estranhar nossas lágrimas nem nos exigir explicações". E, então, em momentos como estes, inevitáveis na vida de cada um de nós, podem acariciar o nosso coração as palavras do "Papa do Sorriso" – João Paulo I: "Deus tem sempre os olhos abertos sobre nós, mesmo quando nos parece noite. É pai; mais ainda, é mãe". E também podemos recitar a bonita oração de Santo Ambrósio: "Senhor, não nos lamentamos porque o tiraste, mas agradecemos-te porque no-lo deste".

Quem pode compreender a dor de um pai ou de uma mãe que perde um filho? Existirá dor maior e mais intensa do que esta? Algumas mães já me afirmaram que nem a dor do parto nem a do câncer são maiores do que a dor de perder um filho. Senhor, por quê? Perguntamo-nos com espanto e desolação. E logo constatamos nos dias vindouros à perda de quem amamos: "Jamais deixaremos de sentir saudade daquele que partiu. Mas começaremos a aprender a viver sem ele". Parece que, apesar da dor, vai surgindo aos poucos uma luz intensa, que vence todo desespero e desesperança: o amor de Deus! E, então, abre-se a esperança de que os nossos falecidos "descansam na paz do Senhor".

Uma coisa é certa, se acreditamos no Ressuscitado: "O cristão que une a sua morte à de Jesus vê a morte como um caminhar ao seu encontro e como uma entrada na Vida Eterna" (Catecismo da Igreja Católica, 1020). Morremos para ressuscitar, para habitarmos definitivamente com Deus. É evidente que aceitar a morte como um ato de amor não é fácil. Só encontraremos conforto e seremos reanimados em Jesus Cristo: aquele que dá a vida por amor! Nossa atitude cristã no momento de nossa morte ou da morte daqueles a quem amamos deve ser "deixar Deus estar aí. Confiar que o 'estar aí' de Deus seja um estar aí que ama. Concordar com o fato de Deus agir" (Renold Blank).

A esperança que nos aguarda é aquela descrita no Apocalipse: "A morte não existirá mais, e não haverá mais luto, nem choro, nem dor, porque passou o que havia antes" (Ap 21,4). Que a certeza da ressurreição seja nossa força e nossa alegria.

3. Morte: encontro de amor

Na hora da morte, inevitável para todos nós, convém lembrar as palavras da Sagrada Escritura: "Como Jesus morreu e ressuscitou, Deus ressuscitará os que nele morreram" (1Ts 4,14).

Suponho que nossos entes queridos falecidos carregam no silêncio do coração os sentimentos de gratidão por tudo o que todos fizeram por eles em vida. E repetem com alegria o que Jó disse: "Eu mesmo verei a Deus, meus olhos o contemplarão, e não os olhos de outros" (Jó 19,27). Ali, junto de Deus, secarão todas as lágrimas, sararão todas as enfermidades, sanarão todas as feridas, e o Deus da Vida destruirá definitivamente toda a dor. E na presença de Deus eles repetem com o salmista: "Senhor, aliviai meu coração de tanta angústia, e libertai-me das minhas aflições! Considerai minha miséria e sofrimento e concedei vosso perdão aos meus pecados" (Sl 25).

Diante da morte dos que amamos, queremos renovar nossa fé e a nossa esperança naquele que é fiel sempre. Como diz o salmista, "ele te perdoa toda culpa, e cura toda a tua enfermidade; da sepultura ele salva a tua vida e te cerca de carinho e compaixão. Não nos trata como exigem nossas faltas, nem nos pune em proporção às nossas culpas" (Sl 103).

Bem sabemos que "tudo o que a gente ama a gente deseja que permaneça para sempre. Mas tudo o que a gente ama existe sob a marca do tempo. *Tempus Fugit*. Tudo é efêmero" (Rubem Alves). É verdade. O tempo se incumbe de nos mostrar, dia após dia, a dura realidade da nossa não permanência para sempre aqui na terra com os nossos entes queridos. Somos transeuntes, peregrinos rumo a Deus, caminhantes rumo à "terra de que emana leite e mel", aventureiros que desfrutam da magia da vida sem perder a esperança da vida eterna com e em Deus. Nossos falecidos partiram para uma "nova vida": é uma espécie de "novo nascimento". Uma vida que não conhece a dor, o sofrimento, as lágrimas, as enfermidades etc. O Senhor das Misericórdias já enxugou todas as lágrimas, já curou todas as enfermidades, já perdoou todos os pecados e já sarou todas as feridas, porque ele ama cada pessoa com amor eterno e está muito acima da "marca do tempo".

Dom Eduardo Benes de Sales Rodrigues afirma que "o presente é o momento da graça. O tempo que passa será um grande vazio se não for preenchido de amor. Amar só é possível no agora. Esse agora define permanentemente nosso destino". Realmente, o segredo de tudo está no amor traduzido em gestos concretos. Amar agora, hoje, neste exato momento. Não deixar para amar amanhã, um dia, depois. Não! Amar agora. Já afirma uma canção brasileira que "é preciso amar as pessoas como se não houvesse amanhã". Amanhã sempre pode ser tarde demais. O agora nos garante o presente e nos prepara um futuro promissor, dependendo da nossa opção: amar, deixar-se amar, ser amado.

"Em tuas mãos está o meu destino" (Sl 31,16), afirma o Salmista dialogando com Deus. E o nosso Santo Padre Bento XVI confirma: "O nosso tempo, todos os dias, as vicissitudes da nossa vida, o nosso destino, o nosso agir está nas boas mãos do Senhor".

"Quando amamos alguém, o queremos do nosso lado sempre. Mas o sempre não existe para o ser humano e é natural que Deus o chame um dia. Então, vai-se embora o prazer de abraçá-lo, de beijá-lo ou de ouvir sua voz e de conviver fisicamente com essa pessoa. É algo tão dolorido que a sensação é a de nos faltar o chão" (Maria Elena Britto Izzo).

Recordar os nossos falecidos é renovar a nossa fé em Cristo Ressuscitado, Senhor dos vivos e dos mortos. É um convite a uma profunda revisão de nossa vida. Eles já viveram os seus dias e já se encontram em Deus. Que nossas lágrimas de saudade sejam de gratidão a Deus pelo dom da vida de cada um deles, um muito obrigado por terem existido e terem feito parte da nossa família, da nossa vida e da nossa história.

Para uma revisão ou um balanço da nossa vida, creio que esta mensagem que recebi por e-mail sirva-nos como motivação e roteiro:

"Urgente

É que você seja mais humano e mais irmão.

É que saiba valorizar o tempo que se tem com uma criança.

É que olhe a sua família, seus filhos, sua esposa, seu esposo e a todos que lhe rodeiam e valorize tão grandioso tesouro.

É que diga às pessoas que lhe são caras o quanto as ama.

É que você não deixe a vida passar como um sopro e olhando para trás sinta que já não há mais tempo para voltar.

É que você pare um momento na sua agitada vida e se pergunte: que significado tem tudo isso que faço?"

4. Estar com Deus para sempre

Deus se mostra, se revela ou se manifesta a nós também na dor, na morte e na fé. A morte, para quem tem fé, torna-se Vida e Ressurreição em Cristo. Tudo passa nesta vida terrena, mas é nela que preparamos a vida futura: a vida eterna com Deus! E todos devemos aproveitar o tempo à nossa disposição, dado gratuitamente pelo Criador, para preparar-nos o melhor possível para esse encontro pessoal com o Deus da Vida plena e abundante.

"Jesus disse: 'Saí das mãos do Pai e vim ao mundo' e 'deixo este mundo e volto ao Pai'. Esta é a nossa biografia, a nossa vida". São palavras do Pe. Tiago Alberione. Ao morrermos, todos já teremos escrito a nossa biografia terrena. Depois, lá no céu, começaremos a escrever aquela que será para sempre. Todos passaremos um dia, como nos recorda a oração da Salve-Rainha, deste "vale de lágrimas" para a vida eterna em e com Deus.

Ao morrermos, seremos conduzidos nos ombros do Bom Pastor e estaremos recebendo o perdão de nossas faltas e o descanso eterno. E diante de Jesus, aquele que morreu por Amor, repetiremos as mesmas palavras do apóstolo São Pedro no episódio da Transfiguração: "Senhor, é bom ficarmos aqui" (Mt 17,4). Sim, é bom estar face a face com Deus, é bom ser seu amigo, é bom partilhar de sua própria vida, é bom ser amado por ele, é bom ser recebido por ele nas moradas eternas, é bom ser abraçado por ele, é bom ser acariciado pelas suas mãos amorosas e gentis, é bom ser alcançado pelo seu olhar cheio de ternura, é bom ser compreendido pela sua compaixão, é bom ser acolhido pela sua infinita misericórdia. Sim, é bom estar com Deus para sempre.

Rezemos para que a luz de Cristo Ressuscitado brilhe para todos os fiéis defuntos intensamente na medida de suas necessidades. Que a luz perpétua ilumine o caminho de todos eles rumo a Cristo, Luz do mundo, confiantes na sua promessa: "Quem me segue não andará nas trevas, mas terá a luz da vida" (Jo 8,12).

Continuaremos acompanhando nossos saudosos falecidos com as nossas preces e a nossa amizade. Choramos porque eles partiram do nosso meio, mas compreendemos e aceitamos que eles foram um dom, um presente de Deus para todos nós.

A missão deles foi cumprida entre nós, e chegou a hora da partida definitiva para um lugar onde não há mais lágrimas nem choros, onde não há mais dores nem sofrimentos. Acreditamos que eles estão junto daquele que enxugará toda lágrima e consolará todo pranto. Que Deus misericordioso acolha-os no seu Reino de paz. Que a Virgem Maria, mãe do Ressuscitado, possa acompanhá-los neste momento em que eles recebem o prêmio prometido aos servos bons e fiéis. O Senhor os receberá no céu com as palavras do Evangelho: "Muito bem, servo bom e fiel! Venha participar da minha alegria!" (Mt 25,21)

Rezando pelos falecidos, somos particularmente tomados por um sentimento normal por ocasião da recordação da perda de quem amamos: a saudade faz morada em nós! "Sentir saudade é sentir ausência: a gente sente saudade porque a pessoa amada está ausente" (Rubem Alves). Com a morte dos nossos entes queridos, fomos privados da presença física deles entre nós e tivemos de reaprender, na nossa vivência cotidiana, a viver com a ausência deles, mas, apesar da contradição, em muitos momentos a ausência deles se transformou em presença, pois "os olhos que a saudade encantou ficam dotados de estranhos poderes mágicos: eles veem as ausências, o que não está lá mas que o coração deseja" (Rubem Alves).

Rezando o *Rosário pelos falecidos*, queremos renovar a nossa fé no Cristo Ressuscitado, Senhor dos vivos e dos mortos. Queremos renovar nossa esperança em dias melhores. Que a segurança do amor de Cristo anime a todos nós em nossos afazeres diários, especialmente os que sofrem física, psíquica e espiritualmente. Tomara que saibamos descobrir sob o véu do cotidiano as maravilhas de Deus que age, e que, indo além da dor, do sofrimento e da morte, enxerguemos o seu amor e a sua ternura eterna. E para todos os fiéis defuntos supliquemos a Deus a uma só voz: "Dai-lhes, Senhor, o descanso eterno! E a luz perpétua os alumie. Descansem em paz! Amém".

Eu "invoco sobre todos vocês", com as palavras de João Paulo II, "a proteção da Virgem Maria, a perfeita 'serva da Palavra', que caminha sempre diante de nós para nos indicar o Caminho, para manter os nossos olhos fixos na verdade e obtermos todas as graças da vida, que brota unicamente de Jesus Cristo seu Filho e nosso Senhor".

Pe. Antônio Lúcio, ssp

Rosário pelos falecidos

1. Origem do terço

A origem do terço é muito antiga. Remonta aos anacoretas orientais que usavam pedrinhas para contar suas orações vocais. Em 1328, segundo a lenda, Nossa Senhora apareceu a São Domingos, recomendando-lhe a reza do Rosário para a salvação do mundo.

Nasceu assim a devoção do Rosário, que significa coroa de rosas oferecidas a Nossa Senhora. Os promotores e também divulgadores dessa devoção foram os Dominicanos, que também criaram as Confrarias do Rosário.

O papa dominicano Pio V animou vivamente a prática da recitação do Rosário, que logo se tornou a oração popular predileta da cristandade. Essa devoção tem o privilégio de ter sido recomendada por Nossa Senhora em Lourdes, na França, e em Fátima, Portugal, o que depõe em favor de sua validade em todos os tempos.

O terço pode ser rezado individual ou coletivamente. O terço é uma das mais queridas devoções a Nossa Senhora. Aparecendo em Fátima, ela pediu aos pastorzinhos: "Meus filhos, rezem o terço todos os dias".

2. Oferecimento do terço

Divino Jesus, ofereço-vos este terço que vou rezar, contemplando os mistérios da nossa redenção. Pela intercessão de Maria, vossa Mãe Santíssima, a quem me dirijo, concedei-me as virtudes para bem rezá-lo, e a graça de ganhar as indulgências desta santa devoção.

Intenções

Oferecemos, particularmente, em desagravo dos pecados cometidos contra o

Santíssimo Coração de Jesus e o Imaculado Coração de Maria, pela paz do mundo, pela conversão dos pecadores, pelas almas do purgatório, pelas intenções do Papa, pelo aumento e santificação do Clero, pelo nosso Vigário, pela santificação e união das famílias, pelas missões, pelos enfermos e agonizantes, por aqueles que pediram nossas orações, por todas as nossas intenções mais íntimas e urgentes e pelo Brasil.

Em seguida, segurando a cruzinha do terço, para atestar nossa fé em todas as verdades ensinadas por Cristo, reza-se:

Creio em Deus Pai todo-poderoso, Criador do céu e da terra. E em Jesus Cristo, seu único Filho, nosso Senhor, que foi concebido pelo poder do Espírito Santo; nasceu da Virgem Maria, padeceu sob Pôncio Pilatos, foi crucificado, morto e sepultado; desceu à mansão dos mortos; ressuscitou ao terceiro dia; subiu aos céus, está sentado à direita de Deus Pai todo-poderoso, de onde há de vir a julgar os vivos e os mortos. Creio no Espírito Santo, na santa Igreja católica, na comunhão dos santos, na remissão dos pecados, na ressurreição da carne, na vida eterna. Amém.

Homenagem à Santíssima Trindade

Terminado o Credo, presta-se homenagem à Santíssima Trindade, rezando um Pai-nosso, três Ave-Marias, um Glória ao Pai. A primeira Ave-Maria, em honra a Deus Pai que nos criou; a segunda, a Deus Filho que nos remiu; e a terceira, ao Espírito Santo que nos santifica.

Pai nosso, que estais no céu, santificado seja o vosso nome, venha a nós o vosso reino, seja feita a vossa vontade assim na terra como no céu. O pão nosso de cada dia nos dai hoje. Perdoai-nos as nossas ofensas, assim como nós perdoamos a quem nos tem ofendido. E não nos deixeis cair em tentação, mas livrai-nos do mal. Amém.

Ave, Maria, cheia de graça, o Senhor é convosco, bendita sois vós entre as mulheres e bendito é o fruto do vosso ventre, Jesus. Santa Maria, Mãe de Deus, rogai por nós, pecadores, agora e na hora de nossa morte. Amém.

Glória ao Pai, ao Filho e ao Espírito Santo, como era no princípio, agora e sempre. Amém.

Em cada Mistério do terço reza-se um Pai-nosso, dez Ave-Marias, um Glória ao Pai e a jaculatória:

Ó meu Jesus! Perdoai-nos e livrai-nos do fogo do inferno. Levai as almas todas para o céu e socorrei principalmente as que mais precisarem.

3. Misterios do terço

3.1. MISTÉRIOS GOZOSOS ou da ALEGRIA

(segundas-feiras e sábados)

A Anunciação
(cf. Lc 1,26-39)

Neste primeiro mistério, o arcanjo São Gabriel anuncia à Santíssima Virgem Maria a encarnação de Jesus Cristo e a elevação dela à dignidade de Mãe de Deus. Maria aceita declarando-se serva do Senhor.

Reza-se um Pai-nosso, dez Ave-Marias e um Glória ao Pai.

A visitação (cf. Lc 1,39-56)

Neste segundo mistério, a Santíssima Virgem Maria vai com solicitude visitar e servir a santa Isabel.

Reza-se um Pai-nosso, dez Ave-Marias e um Glória ao Pai.

O nascimento de Jesus
(cf. Lc 2,1-15)

Neste terceiro mistério, Jesus nasce na gruta de Belém. É reclinado numa manjedoura, na mais completa pobreza.

Reza-se um Pai-nosso, dez Ave-Marias e um Glória ao Pai.

A apresentação de Jesus no Templo
(cf. Lc 2,22-33)

Neste quarto mistério, embora não fosse obrigada, Maria apresenta Jesus no templo e cumpre tudo o que era prescrito para a purificação.

Reza-se um Pai-nosso, dez Ave-Marias e um Glória ao Pai.

O encontro do Menino Jesus no Templo entre os Doutores
(cf. Lc 2,42-52)

Neste quinto mistério, Jesus adolescente fica três dias no templo, escutando e interrogando sobre as coisas de seu Pai.

Reza-se um Pai-nosso, dez Ave-Marias e um Glória ao Pai.

✧ Salmo 23

Antífona: *Felicidade e amor me acompanham todos os dias da minha vida.*

Javé é o meu pastor.
Nada me falta.
Em verdes pastagens me faz repousar;

para fontes tranquilas me conduz,
e restaura minhas forças.
Ele me guia por bons caminhos,
por causa do seu nome.
Embora eu caminhe por um vale tenebroso,
nenhum mal temerei, pois junto a mim estás;
teu bastão e teu cajado me deixam tranquilo.
Diante de mim preparas a mesa,
à frente dos meus opressores;
unges minha cabeça com óleo,
e minha taça transborda.
Sim, felicidade e amor me acompanham
todos os dias da minha vida.
Minha morada é a casa de Jávé,
por dias sem fim.

Glória ao Pai, ao Filho e ao Espírito Santo, como era no princípio, agora e sempre. Amém.

Antífona: *Felicidade e amor me acompanham todos os dias da minha vida.*

☼ Preces pelos falecidos

Embora a oração seja difícil em momentos como este que estamos vivendo, levantemos o nosso olhar ao Pai, que ressuscitou Jesus dentre os mortos e nos ajuda a seguir caminhando guiados pela fé na feliz ressurreição e peçamos por este(a) irmão(ã) *[dizer o nome]* que nos deixou, por seus familiares e amigos.

Para que o Pai misericordioso acolha o(a) nosso(a) irmão(ã) *[dizer o nome]* e lhe conceda a abundância do seu perdão e da sua paz, rezemos ao Senhor.

Senhor, sois nossa vida e ressurreição!

Para que a paz de Cristo esteja no coração de todos(as) e produza frutos de solidariedade e de justiça, rezemos ao Senhor.

Senhor, sois nossa vida e ressurreição!

Para que os fiéis defuntos, purificados de suas culpas, alcancem a eterna bem-aventurança, rezemos ao Senhor.

Senhor, sois nossa vida e ressurreição!

Por este(a) nosso(a) irmão(ã) *[dizer o nome]*, que através do Batismo tornou-se filho(a) de Deus, para que o Pai o(a) acolha em seus braços misericordiosos, rezemos ao Senhor.

Senhor, sois nossa vida e ressurreição!

Por todos(as) que morreram na esperança da ressurreição, para que sejam recebidos(as) no Reino eterno de Deus e desfrutem da plenitude de sua glória, rezemos ao Senhor.

Senhor, sois nossa vida e ressurreição!

Por todas as pessoas que morrem prematuramente, vítimas da enfermidade, dos acidentes ou da violência, para que, livres da morte eterna, sejam conduzidas à morada celestial, rezemos ao Senhor.

Senhor, sois nossa vida e ressurreição!

Por todas as pessoas que choram a morte de seus entes queridos, para que depositem em Deus sua esperança e confiem sempre na promessa da salvação eterna, rezemos ao Senhor.

Senhor, sois nossa vida e ressurreição!

Por nossos familiares, parentes e amigos, para que, superadas as angústias e tristezas desta vida, se encontrem um dia participando do banquete da felicidade que não tem fim, rezemos ao Senhor.

Senhor, sois nossa vida e ressurreição!

Pelo(a) nosso(a) irmão(ã) *[dizer o nome]*, para que seja introduzido(a) no reino da luz e da paz, rezemos ao Senhor.

Senhor, sois nossa vida e ressurreição!

Para que Deus, em sua infinita bondade e compaixão, console e conforte aos familiares, parentes e amigos que choram pela partida deste(a) nosso(a) irmão(ã) *[dizer o nome]* para a pátria celeste, rezemos ao Senhor.

Senhor, sois nossa vida e ressurreição!

Por todos(as) nós, para que os nossos corações se abram, cada vez mais, à verdade do Evangelho, rezemos ao Senhor.

Senhor, sois nossa vida e ressurreição!

Para que a nossa fé seja mais forte do que a nossa dor e saudade pelo nosso ente querido falecido, rezemos ao Senhor.

Senhor, sois nossa vida e ressurreição!

Para que Deus manifeste a sua bondade às pessoas que se sentem abandonadas na enfermidade ou em qualquer tribulação, rezemos ao Senhor.

Senhor, sois nossa vida e ressurreição!

Pelo(a) nosso(a) irmão(ã) *[dizer o nome]*, para que encontre na morada definitiva a plenitude da vida e da felicidade que apenas começou a desfrutar neste mundo, rezemos ao Senhor.

Senhor, sois nossa vida e ressurreição!

Pela família, os pais e irmãos, e os amigos de nosso(a) irmão(ã) *[dizer o nome]*, para que não se deixem abater pela tristeza da separação e confiem em que um dia voltarão a se encontrar com ele(a) na casa do Pai, rezemos ao Senhor.

Senhor, sois nossa vida e ressurreição!

Pelas pessoas que adormeceram na esperança da ressurreição, para que Deus as receba e as ilumine com a claridade do seu rosto. Rezemos ao Senhor.

Senhor, sois nossa vida e ressurreição!

Peçamos ao Pai que conhece os corações de todos(as) e as dificuldades e problemas de cada um(a). Que seja para nosso(a) irmão(ã) *[dizer o nome]* um juiz compassivo e misericordioso. Rezemos ao Senhor.

Senhor, sois nossa vida e ressurreição!

Pai de bondade, vosso Filho, ao morrer, destruiu a nossa morte e, ao ressuscitar, restaurou a vida. Concedei-nos ser no mundo fermento de renovação e faz que um dia nos encontremos todos(as) em vosso reino glorioso. Por Jesus Cristo nosso Senhor. Amém.

> *"A tradição da Igreja exortou sempre a rezar pelos mortos. O fundamento da oração de sufrágio encontra-se na comunhão do Corpo Místico. Por conseguinte, recomenda a visita aos cemitérios, o adorno dos sepulcros e o sufrágio, como testemunho de esperança confiante, apesar dos sofrimentos pela separação dos entes queridos"* (Papa João Paulo II, no dia de finados de 1997, na *Alocução Mariana*, de 10/11/1991).

3.2. MISTÉRIOS DOLOROSOS ou da DOR
(terças e sextas-feiras)

A agonia de Jesus no Horto
(cf. Mc 14,32-43; Lc 22,39-46; Mt 26,36-56; Jo 18,1-11)

Neste primeiro mistério, Jesus, no Jardim das Oliveiras, sua sangue e reza com humildade, confiança e perseverança. Um anjo o conforta.

Reza-se um Pai-nosso, dez Ave-Marias e um Glória ao Pai.

A flagelação de Jesus
(cf. Jo 18,38-40; 19,1)

Neste segundo mistério, Jesus, amarrado a uma coluna, é cruelmente flagelado. Sofre assim pelas degradações a que os homens submetem o próprio corpo.

Reza-se um Pai-nosso, dez Ave-Marias e um Glória ao Pai.

Jesus é coroado de espinhos
(cf. Mt 27,27-32; Lc 23,20-25)

Neste terceiro mistério, Jesus, coroado de espinhos, é ridicularizado. Sofre para reparar os nossos pensamentos e sentimentos egoístas.

Reza-se um Pai-nosso, dez Ave-Marias e um Glória ao Pai.

Jesus a caminho do Calvário
(cf. Lc 23,20-32; Mc 8,34b)

Neste quarto mistério, Jesus, condenado à morte, carrega a pesada cruz até o Calvário.

Reza-se um Pai-nosso, dez Ave-Marias e um Glória ao Pai.

Jesus é crucificado
(cf. Lc 23,33-47; Mt 27,33-56; Mc 15,21-41; Jo 19,17-37)

Neste quinto mistério, Jesus é crucificado e morre na cruz por todos nós.

Reza-se um Pai-nosso, dez Ave-Marias e um Glória ao Pai.

✧ Salmo 130

Antífona: *Minha alma aguarda o Senhor!*

Das profundezas eu clamo para ti, Javé:
Senhor, ouve o meu grito!
Que os teus ouvidos estejam atentos
ao meu pedido por graça!
Javé, se levas em conta as culpas,
quem poderá resistir?
Mas de ti vem o perdão,
e assim infundes respeito.
Minha alma espera em Javé,
espera em sua palavra.

Minha alma aguarda o Senhor,
mais que os guardas pela aurora.
Mais que os guardas pela aurora,
aguarde Israel a Javé.
Pois de Javé vem a graça
e a redenção em abundância.
Ele vai redimir Israel
de todas as suas culpas.

Glória ao Pai, ao Filho e ao Espírito Santo, como era no princípio, agora e sempre. Amém.

Antífona: *Minha alma aguarda o Senhor!*

✪ **Preces pelos falecidos** (cf. p. 41).

> *"Lembrai-vos também, ó Pai, dos nossos irmãos e irmãs que morreram na esperança da ressurreição e de todos os que partiram desta vida: acolhei-os junto a vós na luz da vossa face"* (Oração Eucarística II).

3.3. MISTÉRIOS GLORIOSOS ou da GLÓRIA
(quartas-feiras e domingos)

A ressurreição de Jesus
(cf. Mc 16,1-8; Lc 24,1-12; Mt 28,5-8)

Neste primeiro mistério, Jesus Cristo ressurge glorioso do sepulcro. "Aquele que ressuscitou o Senhor Jesus ressuscitará também a nós com Jesus."

Reza-se um Pai-nosso, dez Ave-Marias e um Glória ao Pai.

A ascensão de Jesus
(cf. At 1,4-11; Lc 24,50-53)

Neste segundo mistério, o Salvador sobe aos céus com admirável glória e triunfo.

Reza-se um Pai-nosso, dez Ave-Marias e um Glória ao Pai.

A descida do Espírito Santo
(cf. At 2,1-13)

Neste terceiro mistério, o Espírito Santo desce sobre os apóstolos para iluminá-los, confortá-los e santificá-los.

Reza-se um Pai-nosso, dez Ave-Marias e um Glória ao Pai.

A assunção de Nossa Senhora
(cf. 1Cor 15,20-23.53-55; Ap 12,14-16)

Neste quarto mistério, a Santíssima Virgem Maria, chegando ao termo de sua vida terrena, é elevada ao céu, em corpo e alma, com admirável glória.

Reza-se um Pai-nosso, dez Ave-Marias e um Glória ao Pai.

A coroação de Nossa Senhora
(cf. Ap 12,1-6)

Neste quinto mistério, Maria é coroada rainha do céu e da terra, medianeira de todas as graças e nossa mãe.

Reza-se um Pai-nosso, dez Ave-Marias e um Glória ao Pai.

☼ Salmo 62

Antífona: *Só em Deus a minha alma repousa!*

Só em Deus a minha alma repousa,
porque dele vem a minha salvação.
Só ele é a minha rocha e a minha salvação,
a minha fortaleza: jamais serei abalado!
Até quando vocês avançarão contra um homem,
todos juntos, para derrubá-lo,
como se fosse parede inclinada,
ou muro que está para cair?
Eles só pensam em me derrubar da minha posição,
e sentem prazer em mentir:
com a boca eles elogiam,
mas por dentro amaldiçoam.

Só em Deus a minha alma repousa,
porque dele vem a minha salvação.
Só ele é a minha rocha e a minha salvação,
a minha fortaleza: jamais serei abalado!
De Deus depende a minha salvação e minha fama,
Deus é o meu forte rochedo.
Deus é o meu refúgio.
Povo de Deus, confie nele em qualquer situação,
desafogue o coração na presença dele,
porque Deus é o nosso refúgio.
Somente um sopro são os homens comuns
e apenas mentira os homens importantes:
se subissem no prato da balança,
juntos seriam menos que um sopro.
Não confiem na opressão,
nem se iludam com o roubo.
Se a riqueza de vocês aumenta,
não depositem nela o coração!

Deus falou uma vez,
e duas vezes eu escutei:
"A Deus pertence o poder,
e a ti, Senhor, pertence o amor,
porque tu pagas a cada um
conforme as suas obras".

Glória ao Pai, ao Filho e ao Espírito Santo, como era no princípio, agora e sempre. Amém.

Antífona: *Só em Deus a minha alma repousa!*

☼ Preces pelos falecidos (cf. p. 41).

"Lembrai-vos, Senhor, dos nossos irmãos e irmãs que adormeceram na paz do vosso Cristo, e de todos os falecidos, cuja fé só vós conhecestes: acolhei-os na luz da vossa face e concedei-lhes, no dia da ressurreição, a plenitude da vida" (Oração Eucarística VI-A).

3.4. MISTÉRIOS LUMINOSOS ou da LUZ
(quintas-feiras)

O batismo no Jordão
(cf. Mt 3,13-16)

Neste primeiro mistério, Jesus é batizado por João Batista no rio Jordão.

Reza-se um Pai-nosso, dez Ave-Marias e um Glória ao Pai.

A autorrevelação nas bodas de Caná
(cf. Jo 2,1-12)

Neste segundo mistério, Jesus, nas bodas de Caná, a pedido de sua mãe, transformou água em vinho.

Reza-se um Pai-nosso, dez Ave-Marias e um Glória ao Pai.

O anúncio do reino de Deus com o convite à conversão
(cf. Mc 1,14-21)

Neste terceiro mistério, Jesus anuncia o reino de Deus e convida à conversão.

Reza-se um Pai-nosso, dez Ave-Marias e um Glória ao Pai.

A transfiguração
(cf. Lc 9,28-36)

Neste quarto mistério, Jesus é transfigurado no monte Tabor.

Reza-se um Pai-nosso, dez Ave-Marias e um Glória ao Pai.

Instituição da Eucaristia
(cf. Mt 26,26-29)

Neste quinto mistério, Jesus institui a eucaristia.

Reza-se um Pai-nosso, dez Ave-Marias e um Glória ao Pai.

☼ Salmo 63

Antífona: *Ó Deus, minha alma tem sede de ti!*

Ó Deus, tu és o meu Deus, por ti madrugo.
Minha alma tem sede de ti,
Minha carne te deseja com ardor,
como terra seca, esgotada e sem água.
Sim, eu te contemplava no santuário,
Vendo o teu poder e a tua glória.
Teu amor vale mais do que a vida:
meus lábios te louvarão.
Vou bendizer-te por toda a minha vida,
e ao teu nome levantar as minhas mãos.
Vou saciar-me como de óleo e gordura,
E, com sorrisos, minha boca te louvará.
Quando eu me lembro de ti, no meu leito,

passo vigílias meditando em ti,
pois tu foste um socorro para mim,
e, à sombra de tuas asas, eu grito de alegria.
Minha alma está ligada a ti,
e tua direita me sustenta.
Quanto aos que me querem destruir,
Irão todos para as profundezas da terra.
Serão entregues à espada,
E vão tornar-se pasto de chacais.
O rei, porém, se alegrará com Deus,
os que juram por seu nome se felicitarão,
quando a boca dos mentirosos for tapada.

Glória ao Pai, ao Filho e ao Espírito Santo, como era no princípio, agora e sempre. Amém.

Antífona: *Ó Deus, minha alma tem sede de ti!*

☼ **Preces pelos falecidos** (cf. p. 41).

> *"A todos que chamastes para outra vida na vossa amizade, e aos marcados com o sinal da fé, abrindo os vossos braços, acolhei-os. Que vivam para sempre bem felizes no reino que para todos preparastes"* (Oração Eucarística V).

4. AGRADECIMENTO DO TERÇO

Graças vos damos, soberana Rainha, pelos benefícios que todos os dias recebemos de vossas mãos. Dignai-vos agora e para sempre tomar-nos debaixo de vosso poderoso amparo, e para mais vos obrigar saudamo-vos: Salve, Rainha, Mãe de misericórdia, vida, doçura, esperança nossa, salve! A vós bradamos, os degredados filhos de Eva. A vós suspiramos, gemendo e chorando neste vale de lágrimas. Eia, pois, advogada nossa, esses vossos olhos misericordiosos a nós volvei! E depois deste desterro, mostrai-nos Jesus, bendito fruto do vosso ventre, ó clemente, ó piedosa, ó doce sempre Virgem Maria!

— Rogai por nós, Santa Mãe de Deus!
— Para que sejamos dignos das promessas de Cristo!

5. LADAINHA PELAS ALMAS DO PURGATÓRIO

(Pode ser rezada também nas segundas-feiras do ano e em todos os dias do mês de novembro)

Senhor, tende piedade de nós.
Senhor, tende piedade de nós.
Jesus Cristo, tende piedade de nós.
Jesus Cristo, tende piedade de nós.
Senhor, tende piedade de nós.
Senhor, tende piedade de nós.
Jesus Cristo, ouvi-nos.

Jesus Cristo, ouvi-nos.
Jesus Cristo, atendei-nos.
Jesus Cristo, atendei-nos.

Pai Celeste, verdadeiro Deus, *tende piedade das almas do purgatório!*
Filho, Redentor do mundo, verdadeiro Deus, *tende piedade das almas do purgatório!*
Espírito Santo, verdadeiro Deus, *tende piedade das almas do purgatório!*
Santíssima Trindade, que sois um só Deus, *tende piedade das almas do purgatório!*

Santa Maria, *rogai pelas almas do purgatório!*
Santa Mãe de Deus, *rogai pelas almas do purgatório!*
Santa Virgem das virgens, *rogai pelas almas do purgatório!*
São Miguel, *rogai pelas almas do purgatório!*

Santos Anjos e Arcanjos, *rogai pelas almas do purgatório!*
Coro dos Espíritos Bem-Aventurados, *rogai pelas almas do purgatório!*
São João Batista, *rogai pelas almas do purgatório!*
São José, *rogai pelas almas do purgatório!*
Santos Patriarcas e santos Profetas, *rogai pelas almas do purgatório!*
São Pedro, *rogai pelas almas do purgatório!*
São Paulo, *rogai pelas almas do purgatório!*
São João, *rogai pelas almas do purgatório!*
Santos Apóstolos e santos Evangelistas, *rogai pelas almas do purgatório!*
Santo Estêvão, *rogai pelas almas do purgatório!*
São Lourenço, *rogai pelas almas do purgatório!*
Santos Mártires, *rogai pelas almas do purgatório!*
São Gregório, *rogai pelas almas do purgatório!*

Santo Ambrósio, *rogai pelas almas do purgatório!*
Santo Agostinho, *rogai pelas almas do purgatório!*
São Jerônimo, *rogai pelas almas do purgatório!*
Santos Pontífices e santos Confessores, *rogai pelas almas do purgatório!*
Santos Doutores, *rogai pelas almas do purgatório!*
Santos Sacerdotes e santos Levitas, *rogai pelas almas do purgatório!*
Santos Frades e santos Eremitas, *rogai pelas almas do purgatório!*
Santas Virgens e santas Viúvas, *rogai pelas almas do purgatório!*
Vós todos, santos amigos de Deus, *rogai pelas almas do Purgatório!*
Sede-nos propício, *perdoai-lhes, Senhor!*
Sede-nos propício, *ouvi-nos, Senhor!*
De seus sofrimentos, *livrai-as, Senhor!*
Da vossa cólera, *livrai-as, Senhor!*

Da severidade da vossa justiça, *livrai-as, Senhor!*
Do remorso da consciência, *livrai-as, Senhor!*
Das tristes trevas que as cercam, *livrai-as, Senhor!*
Dos prantos e gemidos, *livrai-as, Senhor!*
Pela vossa encarnação, *livrai-as, Senhor!*
Pelo vosso nascimento, *livrai-as, Senhor!*
Pelo vosso doce nome, *livrai-as, Senhor!*
Pela vossa profunda humildade, *livrai-as, Senhor!*
Pela vossa obediência, *livrai-as, Senhor!*
Pelo vosso infinito amor, *livrai-as, Senhor!*
Pela vossa agonia e vossos sofrimentos, *livrai-as, Senhor!*
Pela vossa paixão e vossa santa cruz, *livrai-as, Senhor!*
Pela vossa santa ressurreição, *livrai-as, Senhor!*
Pela vossa admirável ascensão, *livrai-as, Senhor!*

Pela vinda do Espírito Santo consolador, *livrai-as, Senhor!*
No dia do julgamento, *livrai-as, Senhor!*

Ainda que sejamos pecadores, *nós vos pedimos, ouvi-nos!*
Vós que perdoastes aos pecadores e salvastes o bom ladrão, *nós vos pedimos, ouvi-nos!*
Vós que nos salvais por misericórdia, *nós vos pedimos, ouvi-nos!*
Vós que tendes as chaves da morte e do inferno, *nós vos pedimos, ouvi-nos!*
Dignai-vos livrar das chamas nossos parentes, amigos e benfeitores, *nós vos pedimos, ouvi-nos!*
Dignai-vos salvar todas as almas que gemem longe de vós, *nós vos pedimos, ouvi-nos!*
Dignai-vos ter piedade daqueles que não têm intercessores neste mundo, *nós vos pedimos, ouvi-nos!*
Dignai-vos admiti-las no número de vossos eleitos, *nós vos pedimos, ouvi-nos!*

Cordeiro de Deus, que tirais o pecado do mundo, *dai-lhes o descanso eterno!*
Cordeiro de Deus, que tirais o pecado do mundo, *dai-lhes o descanso eterno!*
Cordeiro de Deus, que tirais o pecado do mundo, *dai-lhes o descanso eterno!*

OREMOS

Ó Deus, Criador e Redentor de todos os fiéis, concedei às almas de vossos servos e de vossas servas a remissão de todos os pecados, a fim de que, pelas humildes orações da vossa Igreja, eles obtenham o perdão que sempre desejaram. É o que vos pedimos por elas, ó Jesus, que viveis e reinais por todos os séculos. Amém.

"Rezar o Rosário pelos filhos e, mais ainda, com os filhos, educando-os desde tenra idade para este momento diário de "paragem orante" da família, não traz por certo a solução de todos os problemas, mas é uma ajuda espiritual que não se deve subestimar. Pode-se objetar que o Rosário parece uma oração pouco adaptada ao gosto das crianças e jovens de hoje. Mas a objeção parte talvez da forma muitas vezes pouco cuidada de o rezar. Ora, ressalvada a sua estrutura fundamental, nada impede que a recitação do Rosário para crianças e jovens, tanto em família como nos grupos, seja enriquecida com atrativos simbólicos e práticos, que favoreçam a sua compreensão e valorização. Por que não tentar? Uma pastoral juvenil sem descontos, apaixonada e criativa – as Jornadas Mundiais da Juventude deram-me a sua medida! – pode, com a ajuda de Deus, fazer coisas verdadeiramente significativas. Se o Rosário for bem apresentado, estou seguro de que os próprios jovens serão capazes de surpreender uma vez mais os adultos, assumindo esta oração e recitando-a com o entusiasmo típico da sua idade."

João Paulo II

"A família que reza unida permanece unida. O Santo Rosário, por antiga tradição, presta-se de modo particular a ser uma oração na qual a família se encontra. Os seus diversos membros, precisamente ao fixarem o olhar em Jesus, recuperam também a capacidade de se olhar sempre de novo olhos nos olhos para comunicar, solidarizar-se, perdoar-se mutuamente, recomeçar com um pacto de amor renovado pelo Espírito de Deus."

João Paulo II

"O Rosário é, por natureza, uma oração orientada para a paz, precisamente porque consiste na contemplação de Cristo, Príncipe da paz e "nossa paz" (Ef 2,14). Quem assimila o mistério de Cristo – e o Rosário visa a isto mesmo – apreende o segredo da paz e dele faz um projeto de vida. Além disso, devido ao seu caráter meditativo com a serena sucessão das "Ave-Marias", exerce uma ação pacificadora sobre quem o reza, predispondo-o a receber e experimentar no mais fundo de si mesmo e a espalhar ao seu redor aquela paz verdadeira que é um dom especial do Ressuscitado (cf. Jo 14,27; 20,21)."

João Paulo II

"A meditação dos mistérios de Cristo é proposta no Rosário com um método característico, apropriado por sua natureza para favorecer a sua assimilação. É o método baseado na repetição. Isto é visível sobretudo com a Ave-Maria, repetida dez vezes em cada mistério. Considerando superficialmente tal repetição, pode-se ser tentado a ver o Rosário como uma prática árida e aborrecida. Chega-se, porém, a uma ideia muito diferente quando se considera o Terço como expressão daquele amor que não se cansa de voltar à pessoa amada com efusões que, apesar de semelhantes na sua manifestação, são sempre novas pelo sentimento que as permeia."

João Paulo II

"Muitos problemas das famílias contemporâneas, sobretudo nas sociedades economicamente evoluídas, derivam do fato de ser cada vez mais difícil comunicar. Não conseguem estar juntos, e os raros momentos para isso acabam infelizmente absorvidos pelas imagens de uma televisão. Retomar a recitação do Rosário em família significa inserir na vida diária imagens bem diferentes – as do mistério que salva: a imagem do Redentor, a imagem de sua Mãe Santíssima. A família, que reza unida o Rosário, reproduz em certa medida o clima da casa de Nazaré: põe-se Jesus no centro, partilham-se com ele alegrias e sofrimentos, colocam-se nas suas mãos necessidades e projetos, e dele se recebe a esperança e a força para o caminho."

João Paulo II

SUMÁRIO

Morrer	5
Morremos para ressuscitar	13
Morte: encontro de amor!	17
Estar com Deus para sempre	23
Origem do terço	31
Oferecimento do terço	33
Intenções	33
Homenagem à Santíssima Trindade	35
Mistérios do terço	37
Mistérios Gozosos ou da Alegria	37
Salmo 23	39
Preces pelos falecidos	41
Mistérios Dolorosos ou da Dor	47
Salmo 130	49
Mistérios Gloriosos ou da Glória	51
Salmo 62	53
Mistérios Luminosos ou da Luz	56
Salmo 63	58
Agradecimento do terço	60
Ladainha pelas almas do purgatório	61